榎本美沙の
ひと晩発酵
調味料とからだが喜ぶ発酵献立

はじめに

米麹を使った「ひと晩発酵調味料」。
発酵の力で、食材の味わいをぐっと引き出してくれる万能調味料です。
それを、6〜8時間で手軽に作ります。

米麹と合わせる材料によって、
いろいろな味わいに仕上がるのもよいところ。
だしの素のように使える「和風だし麹」、
めんつゆとして使える「めんつゆ麹」、
まろやかな酸味と塩味がさわやかな「レモン麹」、
うまみとピリ辛がクセになる「ピリ辛しょうゆ麹」、
料理にコクを与えてくれる「甘酒」、
そして、意外な材料ででき上がる「発酵中濃ソース」と「発酵マヨネーズ」。

うまみと甘みが生かされた深い味わいなので、
調味料をあれこれ使わずに、シンプルな調理だけで、
ピタリと味が決まり、素材そのものが持つおいしさを堪能できます。

今回、ひと晩発酵調味料をたくさんご活用いただきたいと思い、
「発酵献立」のレシピもたっぷりご紹介しました。

ひと晩発酵調味料は、角がない"まるい"味わい。
そのため、ひとつの献立で同じ調味料を使っても
食べ飽きず、おいしいのです。

まずはひとつ、気になったひと晩発酵調味料を作って、
いつものごはん作りに生かしていただけたらと思います。

私自身、仕事に、子育てにと、あわただしい暮らしの中で
無理せずに家族や自分の体にうれしい料理が作れる
ひと晩発酵調味料に、日々、助けられています。

ぜひ、みなさんのご家庭でも救世主にしていただけたら、
とてもうれしいです。

榎本美沙

(もくじ)

はじめに 4
ひと晩発酵調味料のいいところ 8
材料と道具 10
Q&A 11

part/1
和風だし麹

和風だし麹の作り方 13
豚肉とキャベツの梅蒸し献立
　豚肉とキャベツの梅蒸し 14
　小松菜と長いもの和風スープ 14
豚肉とトマトの卵炒め献立
　豚肉とトマトの卵炒め 16
　きのこの和風サラダ 16
だし麹ハヤシライス献立
　だし麹ハヤシライス 18
　レタスとのりの和風ドレッシングサラダ 18
もっと使える！和風だし麹レシピ
　鶏だんご鍋 20
　里いもコロッケ 21

part/2
めんつゆ麹

めんつゆ麹の作り方 23
ごまぶり献立
　ごまぶり 24
　ほうれん草のナムル 24
　厚揚げとにんじんのしょうがスープ 24
豆乳ごまうどん献立
　鶏ささ身とオクラの豆乳ごまうどん 26
　なすの焼きびたし 26
もっと使える！めんつゆ麹レシピ
　ねぎ味玉 28
　牛こまとセロリのしぐれ煮 28
　根菜の炊き込みごはん 29

part/3
レモン麹

レモン麹の作り方 31
鶏むね肉のステーキ献立
　鶏むね肉のレモン麹ステーキ 32
　セロリと桜えびのレモン麹スープ 32
たことじゃがいものソテー献立
　たことじゃがいものレモン麹ソテー 34
　玉ねぎレモン麹スープ 34
もっと使える！レモン麹レシピ
　焼きパプリカのハニーマリネ 36
　レモン風味のヨーグルトコールスロー 37
　鶏ささ身レモン麹フライ 37

part/4
ピリ辛しょうゆ麹

ピリ辛しょうゆ麹の作り方 39
えび入り水餃子献立
　えび入り水餃子 ピリ辛だれ 40
　たたききゅうりの黒ごまあえ 40
　豆苗とのりのスープ 40
焼きうどん献立
　豚肉とピーマンの焼きうどん 42
　ピリ辛わかめスープ 42
もっと使える！ピリ辛しょうゆ麹レシピ
　なすの肉巻き 44
　ピリ辛キンパ 45

(この本の決まり) 炊飯器の機種によっては仕様が異なるため、事前に取扱説明書をご確認ください。また、保温中はやけどにご注意ください。/ 塩は粗塩を使用しています。/ 計量単位は、大さじ1＝15ml、小さじ1＝5ml、1カップ＝200mlです。/ 電子レンジの加熱時間は600Wのものを基準にしています。500Wの場合は、1.2倍の時間を目安にしてください。機種によって多少の差が出ることがあります。

part / 5
甘酒

甘酒の作り方　47
マイルドチキンカレー献立
- マイルドチキンカレー　48
- ラディッシュとトマトの甘酒漬け　48
- 甘酒ビネガーラッシー　48

白身魚のホイル焼き献立
- 白身魚の甘酒みそホイル焼き　50
- 甘酒入り豚汁　50

韓国風焼き肉献立
- 韓国風焼き肉　52
- きゅうりとキムチの甘酒漬け　52

もっと使える！甘酒レシピ
- かぶの甘酒豆乳ポタージュ　54
- れんこんの甘酒きんぴら　55
- 鶏つくねの甘酒照り焼き　55

part / 6
発酵中濃ソース 発酵マヨネーズ

発酵中濃ソース / 発酵マヨネーズの作り方　57
ひと口とんかつ献立
- ひと口とんかつ　58
- ひらひらにんじんのごまマヨサラダ　58

玉ねぎそぼろ丼献立
- 玉ねぎそぼろ丼　60
- 豆とトマトのサラダ　60

もっと使える！発酵中濃ソースレシピ
- 長いもたっぷりお好み焼き　62
- もやしのりナムル　63
- にら豚ソース炒め　63

もっと使える！発酵マヨネーズレシピ
- シンプルポテトサラダ　64
- オニオントースト　65
- ウフマヨ　65

定番発酵調味料　活用レシピ

塩麹
しょうゆ麹
玉ねぎ麹
ひと晩発酵おからみそ

塩麹の作り方　68
玉ねぎ麹の作り方　68
ひと晩発酵おからみその作り方　69
しょうゆ麹の作り方　69

肉野菜炒め献立
- 塩麹肉野菜炒め　70
- にんじんの塩麹スープ　70
- トマトのみそごまあえ　70

トマトカオマンガイ献立
- 玉ねぎ麹のトマトカオマンガイ　72
- もやしのエスニックスープ　72

鶏肉のみそ焼き献立
- 鶏肉のゆずこしょうみそ焼き　74
- まいたけと長ねぎのみそ汁　74
- しょうゆ麹酢納豆　74

漬けまぐろ丼献立
- しょうゆ麹漬けまぐろ丼　76
- キャベツとのりの塩麹スープ　76
- 梅塩麹大根　76

豚しゃぶ献立
- 薬味たっぷり豚しゃぶのしょうゆ麹だれ　78
- ピーマンのかき玉スープ　78

ひと晩発酵調味料は忙しいときの救世主。　81
ひと晩発酵調味料をもっと手軽に。　82
ひと晩発酵調味料が家族の元気をつくる。　84
気分を上げてくれるお気に入りと
　"おいしい"を支える調味料　86

7

ひと晩発酵調味料の いいところ

完成までひと晩。

「発酵」というと、時間がかかるものと思っていませんか？ この本では「炊飯器」の保温機能を使い、酵素がもっとも活性化しやすい温度(約60℃)をキープすることで、ひと晩(6〜8時間)あれば完成するレシピを紹介しています。温度管理ができると失敗もしにくいので、あれこれ気軽にトライできるし、使いたいときにすぐ作れるというメリットもあります。

使いきれる分量で作る。

せっかく手作りしたものでも、残ってしまっておいしいうちに全部食べきれなかったり、うっかり冷蔵庫に入れたままにして忘れてしまうこと、ありますよね。この本のレシピは、ジッパー付き保存袋で少量ずつ作ります。調味料にもよりますが、2週間から3か月ほど日持ちしますので、おいしいうちに、食べ飽きることなく使いきれます。ひと晩でできるから、足りなくなったらまた作ればOK！

手軽に失敗なく作れて、おいしい。さらには体にもやさしい。
ひと晩発酵調味料は、いいことずくめの新しい調味料です。

1つの調味料で幅広い味に。

ひと晩発酵調味料は、酵素の力でうまみや甘みが増すのが大きな特徴のひとつです。調味料自体は主張しすぎず、素材の味わいをぐんと引き出し、幅広い味に展開できるから、同じ調味料を使っても、同じ味にはなりません。だから、献立作りもひと晩発酵調味料1つで充分。もちろん肉や魚をやわらかくする働きもあるので、手軽においしい献立を仕上げることができます。

からだが喜ぶ。

料理をおいしくするだけが、ひと晩発酵調味料の特徴ではありません。麹自体の食物繊維や、麹が発酵する過程で生じるブドウ糖やビタミンなどにより、腸内環境や肌の調子を整えたり、若々しい体づくりにも役立ちます。また料理に自然なうまみをプラスできるので、塩分や油脂を控えてもおいしい料理が作れます。ひと晩発酵調味料は健康づくりにもひと役買ってくれる調味料なのです。

ひと晩発酵調味料作りに必要な

材料 と 道具

ひと晩発酵調味料作りの材料のメインは「米麹」です。
米麹に塩をはじめとする調味料や野菜などを組み合わせます。
道具は炊飯器とジッパー付き保存袋があれば、すぐに試してみることができます。

米麹

この本では「生米麹」(写真左)を使っています。生米麹は自然食品店や百貨店、みそや酒の醸造所、オンラインショップなどで購入することができます。スーパーなどでも手に入れやすい「乾燥米麹」(写真右)を使っても作れますが、水分量などに調整が必要な場合もありますので、それぞれのレシピを確認してください。

炊飯器と
ジッパー付き保存袋

いつもお使いの炊飯器でOKです。メーカーや機種によって違いはありますが、炊飯器の保温温度はおよそ70℃前後。米麹の酵素がもっとも活性化するのが60℃程度なので、発酵時は必ず炊飯器のふたを開けたまま使います。70℃以上になると、酵素が働きにくくなるので注意してください。ジッパー付き保存袋は、厚手の耐熱タイプを使いましょう。

ひと晩発酵調味料の
Q & A

作るときのちょっとしたポイントや
保存のコツを知っておくと、
ひと晩発酵調味料作りがより楽しくなります。

Q 炊飯器がなくても作れますか？

A 温度や時間の調整ができれば、ヨーグルトメーカーや保温調理器でも作ることができます。その場合は、容器にセットしてふたをして、温度を55～60℃に設定します。調味料によってはパサついたり、色やにおいが移りやすいものもあります。気になる場合は、ジッパー付き保存袋に入れて作りましょう。
※機種によっては仕様が異なるため、事前に取扱説明書をご確認ください。

Q 一度に数種類を作ることはできますか？

A ジッパー付き保存袋で作るので、数種類を炊飯器の内釜に入れて一度に作ることも可能です。また保存袋に入る分量であれば、材料の分量を倍量にして作ることもできます。

Q どれくらい日持ちしますか？

A 保存は必ず冷蔵室で。それぞれの保存期間の目安を作り方内に入れてありますので、参考にしてください。保存するときは清潔な保存びんを使うのが、液漏れもなくおすすめです。食品に使えるアルコールスプレーなどを使えば、より安心。取り出すときも清潔なスプーンを使ってください。

Q 米麹の保存方法を教えてください。

A 生米麹は冷蔵室で約3週間、冷凍室で約3か月ほど保存が可能です。いずれも常温にもどしてから使います。そのままだと酵素が活性化する温度（約60℃）まで上がるのに時間がかかり、失敗の原因にも。かたまりをほぐしてから使うのも均一に発酵を進めるために大切です。

part/1
和風だし麹

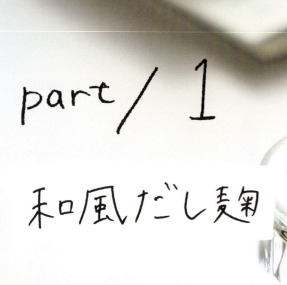

和風だし麹は、いわば米麹で作った"だしの素"。
かつお、昆布のうまみがしっかり効いた和風だし麹は、米麹の甘みも加わって、
料理がうまみたっぷり、コク深い味わいに仕上がります。
だしの素のように溶くだけでおいしいスープができ上がるので、
わが家ではバタバタの朝にはこの和風だし麹をお湯で溶いて、
万能ねぎを少し刻んで入れたり、のりをちぎって入れたりしています。
おなかから温まるスープを飲むだけで朝から元気が出ます！
寒い日には"鍋つゆの素"としても重宝します。
和風だし麹をベースにしたスープで作るお鍋は具材の甘みやうまみを引き出してくれますよ。
スープやお鍋以外にも、蒸しもののつけだれや、炒めもの、卵とじの味つけにもぴったりです。
和風だし麹のうまみはトマト系の味わいとも相性がよいので、
和食だけでなく、ハヤシライスやトマト煮の隠し味として加えるのもおすすめです。

和風だし麹

■ 材料（作りやすい分量）

生米麹（または乾燥米麹・室温にもどす）
　── 100g
A | 塩 ── 30g
　| 昆布茶（粉末）── 小さじ1
　| 削り節（もんで粉末にする）── 4g
水 ── 3/4カップ
※乾燥米麹の場合は水20mlを追加

1_ 混ぜる

ジッパー付き保存袋に米麹を入れ、かたまりがあれば手でほぐす。Aを加えて混ぜる。

2_ 水を加える

水を加え、袋の上からもみ混ぜる。

3_ 保温する

炊飯器の内釜にふきんを敷き、2を袋の口を少し開けてのせる。炊飯器にセットし、ふたは開けたまま保温モードにし、6〜8時間おく。できれば途中で数回、袋の上からもみ混ぜるとよい。

4_ でき上がり

米麹の芯がなくなり、うまみがしっかり出ていたらでき上がり。すぐに使え、冷蔵室で約2〜3週間保存可能。

和風だし麹

豚肉とキャベツの梅蒸し献立

豚肉とキャベツの梅蒸し

弱火でじっくり加熱すると、豚肉もふんわりと、やわらかく仕上がります。
梅干しの酸味がアクセントになって、
野菜もたっぷり食べられる、飽きのこないおいしさです。

■ 材料（2人分）
豚ロースしゃぶしゃぶ用肉（半分に切る）── 180g
キャベツ（4〜5cm四方に切る）── 1/6個（200g）
しめじ（食べやすくほぐす）── 1パック（100g）
梅干し（種を除いてちぎる）── 2個
A │ 和風だし麹 ── 大さじ1
　 │ 酒 ── 大さじ1

1_ ボウルに豚肉を入れ、Aを加えてもむ。
2_ フライパンにキャベツを入れ、豚肉を1枚ずつふわりと広げ、しめじをのせる。ふたをして中火にかける。蒸気が出てきたら弱火にし、10分ほど蒸し焼きにする。梅干しを加えて、ざっくりと混ぜる。

小松菜と長いもの和風スープ

調味料は和風だし麹だけ。このおいしさは感動もの！
長いもの軽いとろみがやさしい一杯に。
お好みでこしょうをふってどうぞ。

■ 材料（2人分）
小松菜（3〜4cm長さに切る）── 1/2束（100g）
長いも（皮をむいて5mm幅の半月切り）── 100g
水 ── 2カップ
和風だし麹 ── 大さじ1

1_ 鍋に水を入れて煮立て、長いもを加えて中火で2〜3分煮る。
2_ 小松菜を加えて30秒ほど煮て、和風だし麹を加える。

和風だし麹

豚肉とトマトの卵炒め献立

豚肉とトマトの卵炒め

和風だし麹をもみ込んだ豚肉は、やわらかでうまみたっぷり。
トマトの酸味もまろやかになり、ごはんによく合います。
大人も子どもも、きっと大好きな味です。

■ 材料（2人分）
豚こま切れ肉 —— 100g
トマト（ひと口大に切る）—— 小3〜4個（200g）
卵 —— 2個
和風だし麹 —— 大さじ1
ごま油 —— 小さじ2
こしょう —— 少々

1_ ボウルに豚肉を入れ、和風だし麹の半量を加えて
　もむ。別のボウルに卵を溶きほぐし、残りの和風
　だし麹を加えて混ぜる。
2_ フライパンにごま油を強火で熱し、1の豚肉、ト
　マトを1分ほど炒める。豚肉の色が変わったら、
　1の卵液を加えてさっと炒め合わせる。器に盛り、
　こしょうをふる。

きのこの和風サラダ

きのこが熱いうちにだし麹をからめるのがコツ。
だしの味わいがしっかりしみていきます。
しゃきしゃきの水菜を合わせて、食感のよいひと皿に。

■ 材料（2人分）
しめじ（食べやすくほぐす）、
　エリンギ（長さを半分に切り、食べやすく裂く）
　—— 合わせて200g
A ｜ 和風だし麹 —— 小さじ2
　　｜ オリーブオイル —— 小さじ1
水菜（3cm長さに切る）—— 70g

1_ 耐熱ボウルにきのこを入れ、ふんわりとラップを
　かけて電子レンジで4分ほど加熱する。
2_ 水けをきり、熱いうちにAを加えてあえ、粗熱を
　取る。水菜とともに器に盛る。

和風だし麹

だし麹ハヤシライス献立

だし麹ハヤシライス

食べやすい和風仕立てのハヤシライス。
トマトのうまみと、和風だし麹のうまみの相乗効果で深い味わいに。
どんなきのこも合いますが、まいたけとの相性が抜群だと思います。

■ 材料（2〜3人分）
牛こま切れ肉 ── 150g
玉ねぎ（縦半分に切り、横1cm幅に切る）── 1個
まいたけ（食べやすくほぐす）── 1パック
ホールトマト缶（身をつぶす）── 1缶（400g）
オリーブオイル ── 大さじ2
薄力粉 ── 大さじ1
和風だし麹 ── 大さじ2
温かいごはん ── 適量

1_ フライパンにオリーブオイルを中火で熱し、玉ねぎを炒める。しんなりしたら牛肉、まいたけ、和風だし麹を加えて炒め合わせ、牛肉の色が変わったら、薄力粉をふってさらに炒める。

2_ 粉っぽさがなくなったらトマト缶を加え、ふたをして弱火でときどき混ぜながら10分ほど煮る。ごはんとともに器に盛る。

レタスとのりの和風ドレッシングサラダ

和風だし麹に酢と油を合わせれば、
野菜にぴったりの万能ドレッシングに早変わり。
冷やしトマトやゆで野菜にも使えます。

■ 材料（2人分）
レタス（食べやすくちぎる）── 3枚（90g）
きゅうり（縦半分に切り、斜め薄切り）── 1/2本
焼きのり（食べやすくちぎる）── 全形1/4枚
A｜〈混ぜ合わせる〉
　　ごま油 ── 小さじ2
　　酢、白いりごま ── 各小さじ1
　　和風だし麹 ── 小さじ1/2

1_ 器にレタスときゅうり、のりを合わせて盛り、Aをかける。

もっと使える！
和風だし麹 レシピ

鶏だんご鍋

肉だんごにも、煮汁にもだし麹を加えて、やさしいうまみたっぷりの鍋に。
熱々をハフハフと食べれば、体が芯から温まります。
簡単なので、時間のない日の夕飯にもおすすめです。

■ 材料（2人分）
白菜（3〜4cm幅に切る）── 1/4株（500g）
長ねぎ（斜め薄切り）── 1本
鶏ひき肉 ── 200g
A │ 卵 ── 1個
　│ 薄力粉 ── 大さじ2
　│ 和風だし麹 ── 小さじ1
　│ こしょう ── 少々
B │ 水 ── 3と1/2カップ
　│ 和風だし麹 ── 大さじ3

1_ ボウルにひき肉を入れ、Aを加えて混ぜる。
2_ 鍋にBを入れて中火で煮立て、1をスプーン2本で丸めながら落とし入れ、2分ほど煮る。白菜を加え、ふたをして弱めの中火で5〜6分煮る。
3_ 長ねぎを加え、再びふたをしてさらに3〜4分煮る。

里いもコロッケ

ねっとりとしたやさしい食感の和風コロッケ。
マッシュした里いもに、クリームチーズとだし麹を混ぜ込んでいるから、
何もつけなくてもおいしいんです。

■ 材料（2人分）
里いも（皮つきのままよく洗う） ── 小7個(300g)
A│クリームチーズ（ブロックタイプ） ── 3個(48g)
 │和風だし麹 ── 小さじ2
薄力粉、パン粉（細目）、揚げ油 ── 各適量
卵（溶きほぐす） ── 1個
すだち（またはレモン・くし形切り） ── 適量

1＿ 耐熱皿にぬれたままの里いもをのせ、電子レンジで4分加熱する。上下を返してさらに4分ほど、竹串がすっと刺さるまで加熱する。
2＿ 1が温かいうちに、ぬらしたふきんなどで包むようにして皮をむく。ボウルに入れ、マッシャーなどでつぶし、Aを加えて混ぜる。10等分して薄力粉をまぶしながら丸め、溶き卵、パン粉の順にころもをつける。
3＿ 揚げ油を約170℃に熱し、2を入れて3分ほど揚げる。器に盛り、すだちを添える。

めんつゆ麹

「米麹の甘みを生かしためんつゆが作れたらなぁ……」
そんな思いで作ってみたのがこちらのめんつゆ麹です。
めんつゆのように、水や豆乳で割ってそばやうどんを食べるのはもちろん、
炊き込みごはんの味つけにしても。
ごぼう、れんこん、にんじんなどの根菜やきのこ、鶏肉など、
甘み、うまみがある食材と相性抜群です。
わが家で大人気なのはP24で紹介している"ごまぶり"。
たっぷりのごまとめんつゆ麹、少しのごま油をお刺身用のぶりと合わせるだけ。
おつまみにもおかずにもなり、ごはんにのせて丼にしてもおいしいんです!
麹が入っているぶん、いつものめんつゆよりとろりとしているので、
ぶりにからみやすいのもおすすめポイント。
ゆで卵を漬けたり、煮ものにしたり。
やさしい味わいなので、あえもの全般にも合う、
使い勝手のいい調味料です。

めんつゆ麹

■ 材料（作りやすい分量）

生米麹（または乾燥米麹・室温にもどす）
　—— 100g
しょうゆ —— 1カップ
みりん（小鍋で煮立て、弱火で1分加熱して
　アルコールをとばして冷ます）—— 1カップ
削り節 —— 8g
※乾燥米麹の場合は水20mlを追加

1_ 混ぜる

ジッパー付き保存袋に米麹を入れ、かたまりがあれば手でほぐす。しょうゆ、みりん、削り節を加えて袋の上からもみ混ぜる。

2_ 保温する

炊飯器の内釜にふきんを敷き、1を袋の口を少し開けてのせる。炊飯器にセットし、ふたは開けたまま保温モードにし、8〜10時間おく。できれば途中で数回、袋の上からもみ混ぜるとよい。

3_ でき上がり

米麹の芯がなくなり、うまみがしっかり出ていたらでき上がり。

4_ なめらかにする

使いやすいよう、ハンドブレンダーにかけてなめらかにする（ミキサーでも可）。すぐに使え、冷蔵室で約1か月保存可能。

そばやうどんに使う場合の希釈の目安
つけつゆ … めんつゆ麹1：水3
かけつゆ … めんつゆ麹1：水4

めんつゆ麹

ごまぶり献立

ごまぶり

福岡名物・ごまさばのアレンジ。
ささっとあえるだけのお手軽な一品で時間がないときのわが家の定番です。

■ 材料（2人分）
ぶり（刺身用さく・薄切りにする）── 150g
A｜めんつゆ麹、白すりごま ── 各大さじ1
　｜ごま油 ── 小さじ1/2
青じそ ── 適量

1_ ボウルにAを入れて混ぜ合わせ、ぶりを加えてあえる。青じそとともに器に盛る。

ほうれん草のナムル

めんつゆ麹のほどよい甘さが、ほうれん草にマッチ。
ごま油の香りをプラスすると、ぐっと食欲をそそる一品に。

■ 材料（2人分）
ほうれん草 ── 1束（200g）
A｜水 ── 大さじ3
　｜めんつゆ麹 ── 大さじ2
　｜ごま油 ── 小さじ1

1_ ほうれん草は塩少々（分量外）を加えた湯でさっとゆでて水にとり、水けをしっかりとしぼって4cm長さに切る。
2_ ボウルにAを入れて混ぜ合わせ、ほうれん草を加えて混ぜる。

厚揚げとにんじんのしょうがスープ

しょうがが効いたすっきり味。
具材が煮えたら、めんつゆ麹を溶き入れるだけの気軽さが魅力です。

■ 材料（2人分）
にんじん（2mm幅の半月切り）── 1/3本（60g）
厚揚げ（横半分に切り、縦1cm幅に切る）
　── 1/2枚（100g）
水 ── 2カップ
A｜しょうが（すりおろす）── 小さじ1
　｜めんつゆ麹 ── 大さじ1と1/2

1_ 鍋に水を入れて煮立て、にんじんを加えて中火で4〜5分煮る。厚揚げを加えてひと煮立ちしたら、Aを加える。

めんつゆ麹

豆乳ごまうどん献立

鶏ささ身とオクラの豆乳ごまうどん

めんつゆ麹を豆乳でのばすと、こっくりとしたやさしい味わいに。
細めのうどんに具材をトッピングして、ぶっかけスタイルでいただきます。
わさびや梅干しを添えてもおいしいですよ。

■ 材料（2人分）
冷凍うどん —— 2玉
鶏ささ身（筋なし） —— 3本（180g）
オクラ（小口切り） —— 3本
みょうが（小口切り） —— 2個
塩 —— 少々
酒 —— 大さじ1
A │〈混ぜ合わせる〉
　│ 豆乳（無調整） —— 1カップ
　│ めんつゆ麹 —— 大さじ3
　│ 白すりごま —— 大さじ2

1_ 耐熱皿にささ身をのせ、塩、酒をふってもむ。ふんわりとラップをかけて電子レンジで2分30秒ほど加熱する。ラップをかけたまま粗熱を取り、食べやすく手で裂く。
2_ 耐熱ボウルにオクラを入れ、ふんわりとラップをかけて電子レンジで1分ほど加熱する。
3_ うどんは表示通りに電子レンジで加熱し、流水でもみ洗いをして水けをきり、器に盛る。1、2、みょうがをのせ、Aをかける。

なすの焼きびたし

ごま油でこんがり焼いたなすに、めんつゆ麹をたっぷりとからめます。
これは箸の止まらないおいしさ！
もう一品、というときにもおすすめです。

■ 材料（2〜3人分）
なす（6つ割り） —— 3個
A │ めんつゆ麹、水 —— 各大さじ2
ごま油 —— 大さじ2

1_ フライパンにごま油を強めの中火で熱し、なすを並べ入れ、面を変えながら5〜6分、しんなりして焼き色がつくまで焼く。
2_ ボウルにAを入れて混ぜ、1を加えてあえる。

もっと使える！
めんつゆ麹 レシピ

ねぎ味玉

ひと晩おくとじんわりと味がしみて、
お弁当や、おつまみに大活躍！

■ 材料（4個分）
卵 — 4個
A │ 長ねぎ（みじん切り）— 1/2本
　│ めんつゆ麹、水 — 各大さじ3

1_ 鍋に湯を沸かし、冷蔵室から出したての卵をお玉などで静かに入れる。7分30〜40秒ゆでて氷水にとり、10分以上おいて冷ましてから、水の中で殻をむく。
2_ ポリ袋にAを入れて混ぜ、1のゆで卵を入れる。空気を抜いて口を閉じ、冷蔵室にひと晩おく。

牛こまとセロリのしぐれ煮

牛肉のうまみとセロリの香味で味わい豊か。
常備菜としても重宝します。

■ 材料（2人分）
牛こま切れ肉 — 200g
セロリ（5cm長さの細切り）— 1本
サラダ油 — 小さじ2
めんつゆ麹 — 大さじ3
A │ 水 — 70ml
　│ 酒 — 大さじ1

1_ ボウルに牛肉とめんつゆ麹を加えてもみ、5分おく。
2_ 鍋にサラダ油を中火で熱し、1を炒める。色が変わったらAを加え、汁けが少なくなるまで煮る。セロリを加えてさっと炒め合わせる。

根菜の炊き込みごはん

ごぼうやにんじんの風味と、めんつゆ麹のほんのりとした甘みがやさしい。
ほっとする味わいの定番炊き込みごはんです。
わが家では子どもも喜んで食べてくれます。

■ 材料（2合分）
米（洗って30分ほど浸水させ、ざるに上げる）
　　— 2合
油揚げ（細長く半分に切り、1cm幅に切る）— 1枚
ごぼう（ささがき）— 1/2本（75g）
にんじん（3〜4cm長さのせん切り）— 1/2本（75g）
A｜めんつゆ麹 — 大さじ4
　｜酒 — 大さじ2
万能ねぎ（小口切り）— 適量

1_ 炊飯器の内釜に米とAを入れ、2合の目盛り通りに水を加えてひと混ぜする。
2_ 油揚げ、ごぼう、にんじんをのせて炊飯し、器に盛り、万能ねぎをふる。

part / 3
レモン麹

すっぱすぎず、塩辛すぎない、さわやかな万能調味料が、レモン麹。
レモンのさわやかな酸味が米麹でまろやかになり、
うまみや甘みがプラスされるので、
幅広い料理に相性がよく、実は私のまわりでも"はまる人が続出"しています！
鶏むね肉やささ身を漬け込めば、さっぱりうまみのある味わいに。
麹の力でお肉もやわらかくなります。
お肉は焼いても、蒸しても、揚げてもOK！
スープに入れれば、すっきりとしたうまみが広がります。
魚介系なら、たこやいかをさっと炒めたり、サーモンの刺身をあえるのもおすすめです。
わが家では、白身魚のホイル蒸しに添えるのが定番化しています。
野菜ともよく合うので、トマトやパプリカ、セロリなどの野菜とあえるのもいいですよ。

レモン麹

■ 材料（作りやすい分量）

生米麹（または乾燥米麹・室温にもどす）
　── 70g
レモン（国産）── 2個（200g）
塩 ── 40g
水 ── 70ml
※乾燥米麹の場合は水20ml、塩小さじ1を追加

1_ 下準備

レモンは8等分くらいの大きさに切って種を除き、フードプロセッサーでみじん切りにする（フードプロセッサーがなければ包丁でみじん切りにする）。

2_ 混ぜる

ジッパー付き保存袋に米麹を入れ、かたまりがあれば手でほぐす。1のレモン、塩、水を加えて袋の上からよくもみ混ぜる。

3_ 保温する

炊飯器の内釜にふきんを敷き、2を袋の口を少し開けてのせる。炊飯器にセットし、ふたは開けたまま保温モードにし、8〜10時間おく。できれば途中で数回、袋の上からもみ混ぜるとよい。

4_ でき上がり

米麹の芯がなくなり、うまみがしっかり出ていたらでき上がり。すぐに使え、冷蔵室で約1か月保存可能。

> レモン麹

鶏むね肉のステーキ献立

鶏むね肉のレモン麹ステーキ

ひと晩漬け込むことで味がよくしみるし、
パサつきがちな鶏むね肉も、しっとりやわらかに仕上がります。
仕上げのバターでコクをプラスして、食べごたえをアップ。

■ 材料（2人分）
鶏むね肉（厚い部分に切り込みを入れ、
　　厚みを均一にする）── 2枚(500g)
レモン麹 ── 大さじ2と1/2
オリーブオイル ── 大さじ1
バター ── 10g
フリルレタス ── 適量

1_ ポリ袋に鶏肉を入れ、レモン麹を加えてもみ、空
　　気を抜いて口を閉じる。冷蔵室にひと晩おく。
2_ 加熱する30分ほど前に冷蔵室から出して、室温
　　にもどす。レモン麹を軽くぬぐう（ぬぐったレモ
　　ン麹はとっておく）。
3_ フライパンにオリーブオイルを弱めの中火で熱
　　し、2の鶏肉を皮目を下にして入れ、ふたをして
　　3〜4分焼く。上下を返して弱火にし、さらに4
　　〜5分焼く。バター、とりおいたレモン麹を加え
　　てからめる。
4_ 取り出して5分ほどおいてから食べやすく切り、
　　フリルレタスとともに器に盛る。

セロリと桜えびのレモン麹スープ

レモンがほんのり香る、さわやかなスープ。
セロリのさっくりした食感とよく合います。
鶏肉を焼いている間にささっと作れます。

■ 材料（2人分）
セロリ（斜め薄切り）── 1本(100g)
桜えび ── 大さじ2
オリーブオイル ── 小さじ1
水 ── 2カップ
レモン麹 ── 大さじ1
こしょう ── 適量

1_ 鍋にオリーブオイルを中火で熱し、セロリを炒め
　　る。しんなりしたら水を加え、煮立ったら桜えび、
　　レモン麹を加える。器に盛り、こしょうをふる。

Part 3 レモン麹　33

レモン麹

たことじゃがいものソテー献立

たことじゃがいものレモン麹ソテー

レモン麹をなじませたたこは、さっぱりとしたうまみに。
じゃがいもと合わせて、ワインが進むバル風の一品です。
クレソンの代わりに、バジルや青じそも合うと思います。

■ 材料（2人分）
ゆでだこ（乱切り）── 200g
じゃがいも（皮つきのまま2cm角に切る）
　── 2個（200g）
にんにく（みじん切り）── 1かけ
オリーブオイル ── 大さじ1と1/2
レモン麹 ── 大さじ1
こしょう ── 少々
クレソン ── 適量

1_ ボウルにたこを入れ、レモン麹を加えてもむ。
じゃがいもは耐熱皿にのせ、ふんわりとラップを
かけて電子レンジで3分ほど、かために加熱して
水けをきる。

2_ フライパンにオリーブオイルを強めの中火で熱
し、1のじゃがいもを4〜5分炒める。にんにく、
1のたこをレモン麹ごと加えてさっと炒める。器
に盛り、こしょうをふり、クレソンを添える。

玉ねぎレモン麹スープ

玉ねぎとベーコンがあれば、
あっという間に完成するラクチンスープ。
レモン麹のおかげで後味さっぱり。
洋風おかずのつけ合わせにぴったりです。

■ 材料（2人分）
玉ねぎ（縦薄切り）── 1/2個
ベーコン（1cm幅に切る）── 1枚
オリーブオイル ── 小さじ1
水 ── 2カップ
レモン麹 ── 大さじ1
パセリ（みじん切り）── 適量

1_ 鍋にオリーブオイルを中火で熱し、玉ねぎ、ベー
コンを炒める。しんなりしたら水を加え、煮立っ
たらレモン麹を加える。器に盛り、パセリをふる。

もっと使える！
レモン麹レシピ

焼きパプリカのハニーマリネ

酸味も甘みもおだやかだから、
肉厚でジューシーなパプリカの味わいが堪能できます。
パプリカは真っ黒になるまで焼いてください。

■ 材料（2人分）
パプリカ（赤、黄 ／ 縦半分に切って種とヘタを取る）
　── 各1個（400g）
A ┃ レモン麹、レモン汁、オリーブオイル
　┃　── 各大さじ1
　┃ はちみつ ── 大さじ1/2

1_ パプリカは切り口を下にして魚焼きグリルの網にのせ、皮全体が黒くこげるまで10分ほど焼く。
2_ 軽く流水にさらしながら皮をむき（熱いのでやけどに注意）、縦3等分に切る。
3_ ボウルにAを入れて混ぜ合わせ、パプリカを加えてあえる。

レモン風味の
ヨーグルトコールスロー

ヨーグルトベースだからあっさり。
キャベツがもりもり食べられます。

■ 材料（作りやすい分量）
キャベツ（せん切り） — 1/4個（300g）
レモン麹 — 大さじ1
A ｜ プレーンヨーグルト — 大さじ3
　　｜ オリーブオイル — 小さじ2

1_ ボウルにキャベツを入れ、レモン麹を加えてもみ、5分ほどおいて水けをしぼる。
2_ 1にAを加えてあえる。

鶏ささ身レモン麹フライ

麹の力でささ身がしっとりふんわり。

■ 材料（2人分）
鶏ささ身（筋なし） — 4本（240g）
レモン麹 — 大さじ2
A ｜〈混ぜ合わせる〉
　　｜ 薄力粉 — 大さじ2　溶き卵 — 1個分
パン粉、揚げ油 — 各適量

1_ ポリ袋にささ身を入れ、レモン麹を加えてもみ、空気を抜いて口をとじ、冷蔵室にひと晩おく。
2_ 1にA、パン粉の順にころもをつける。フライパンに高さ1.5cmほどの揚げ油を注いで約180℃に熱し、ささ身を入れ、2分ほど揚げたら上下を返し、さらに1〜2分揚げる。半分に切り、器に盛る。

part / 4
ピリ辛しょうゆ麹

「香味野菜を入れたかな?」と思うような、
食欲をそそるうまみがやみつきになるピリ辛しょうゆ麹。
韓国産粉唐辛子を使うことで、しょうゆ麹をただ辛くしたものとはまた違う
うまみたっぷりの味わいになります。
何に合わせても相性がよい"うま辛"の味わいなので、
ちょっと味変したいとき、ピリ辛の味つけにしたいときなど、
わが家では使う頻度がかなり多めなひと晩発酵調味料です。
シンプルに炊きたてごはんにのせたり、
焼きおにぎり、焼いた厚揚げにのせるだけでもおいしいし、
炒めものや焼きうどんなど、加熱調理に使えば、香りが立って味わいが深くなります。
いつものきんぴらごぼうや、野菜のあえものをアレンジするときにも便利です。

ピリ辛しょうゆ麹

■ 材料（作りやすい分量）
生米麹（または乾燥米麹・室温にもどす）
　　— 100g
韓国産粉唐辛子（細びき、粗びきを混ぜるのが
　　おすすめ）— 合わせて20g
しょうゆ— 1カップ
※乾燥米麹の場合は水20mlを追加

1_ 混ぜる

ジッパー付き保存袋に米麹を入れ、かたまりがあれば手でほぐす。粉唐辛子を加える。

2_ しょうゆを加える

しょうゆを加え、袋の上からもみ混ぜる。

3_ 保温する

炊飯器の内釜にふきんを敷き、2を袋の口を少し開けてのせる。炊飯器にセットし、ふたは開けたまま保温モードにし、8〜10時間おく。できれば途中で数回、袋の上からもみ混ぜるとよい。

4_ でき上がり

米麹の芯がなくなり、甘みとうまみが出ていたらでき上がり。すぐに使え、冷蔵室で約3か月保存可能。

[ピリ辛しょうゆ麹]

えび入り水餃子献立

えび入り水餃子 ピリ辛だれ

ピリ辛しょうゆ麹と黒酢ベースのたれが、やみつきのおいしさ。
おだやかな辛さの水餃子は、スープ仕立てにするのもおすすめです。

■ 材料(2人分)
むきえび ― 150g
鶏ひき肉 ― 50g
長ねぎ(みじん切り) ― 1/2本
餃子の皮(大判) ― 18枚
A | ピリ辛しょうゆ麹、ごま油 ― 各小さじ1
B | 〈混ぜ合わせる〉
　 | 長ねぎ(みじん切り) ― 1/4本
　 | ピリ辛しょうゆ麹、黒酢 ― 各大さじ2
　 | ごま油、水 ― 各小さじ2
パクチー(2～3cm長さに切る) ― 適量
紹興酒(または酒) ― 大さじ1

1_ むきえびは背に切り込みを入れて背ワタを取り、塩ふたつまみ、片栗粉大さじ1(いずれも分量外)をふってもみ、水洗いして粗みじん切りにする。
2_ ボウルに1のえび、ひき肉、長ねぎ、Aを入れて練り混ぜる。餃子の皮で等分に包む(下記参照)。
3_ 鍋にたっぷりの湯を沸かし、紹興酒を加える。2を入れて5分ほどゆでて器に盛り、パクチーを添える。Bをかける。

肉だねをのせた皮の縁に水をつけて半分に折り、左右の端を手前で合わせて押さえる。

たたききゅうりの黒ごまあえ

ピリ辛しょうゆ麹を黒ごまと合わせて、あとを引くひと皿に。

■ 材料(2人分)
きゅうり…2本
A | ピリ辛しょうゆ麹、黒すりごま ― 各小さじ2
　 | 酢 ― 小さじ1

1_ ジッパー付き保存袋にきゅうりを入れ、麺棒などでたたいてひびを入れる。両端を除いてひと口大に割り、袋に戻し入れる。
2_ Aを加えてもみ混ぜる。

豆苗とのりのスープ

磯の香りがふわりと広がる簡単スープ。豆苗はさっと煮るくらいで食感を残して。

■ 材料(2人分)
豆苗(3等分に切る) ― 1/2袋
焼きのり(ちぎる) ― 全形1/2枚
水 ― 2カップ
A | しょうが(すりおろし) ― 小さじ1
　 | ピリ辛しょうゆ麹 ― 小さじ4
ごま油 ― 小さじ1

1_ 鍋に水を入れて煮立て、豆苗、A、焼きのりを加えて中火でひと煮し、ごま油をふる。

ピリ辛しょうゆ麹

焼きうどん献立

豚肉とピーマンの焼きうどん

ピリ辛しょうゆ麹は、酒でのばすと豚肉にもよくなじむし、
全体にいきわたりやすくなります。
ピーマンは緑だけでもOKですが、赤が入ると見た目がぐっと華やかに。

■ 材料(2人分)
冷凍うどん(電子レンジで袋の表示通りに解凍する)
　— 2玉
豚こま切れ肉 — 200g
ピーマン(緑、赤／縦半分に切って種とヘタを取り、
　横に細切りにする) — 各2個
ごま油 — 大さじ1
A ｜〈混ぜ合わせる〉
　｜ピリ辛しょうゆ麹、酒 — 各大さじ1
こしょう — 適量

1_ ボウルに豚肉を入れ、Aの半量を加えてもむ。フライパンにごま油を中火で熱し、豚肉を炒める。色が変わったらいったん取り出す。
2_ 1のフライパンにうどん、残りのA、ピーマンを入れてさっと炒める。豚肉を戻し入れてひと炒めし、こしょうをふる。

ピリ辛わかめスープ

手軽なカットわかめでもう一品。
長ねぎをさっと炒めることで、甘みが引き出されます。
どんなおかずにも合わせやすいスープです。

■ 材料(2人分)
カットわかめ(乾燥・表示通りに水でもどす) — 2g
長ねぎ(小口切り) — 1/2本
ごま油 — 小さじ2
水 — 2カップ
ピリ辛しょうゆ麹 — 小さじ4

1_ 鍋にごま油を中火で熱し、長ねぎを炒める。しんなりしたら水を加え、煮立ったら水けをしぼったわかめ、ピリ辛しょうゆ麹を加えてひと煮する。

もっと使える！
ピリ辛しょうゆ麹 レシピ

なすの肉巻き

なすに豚バラの脂のうまみをぎゅうっと吸わせます。
下味にもピリ辛しょうゆ麹を使って、冷めてもおいしいひと皿に。

■ 材料（2人分）
なす（4つ割り）── 2個
豚バラ薄切り肉 ── 8枚
ピリ辛しょうゆ麹 ── 小さじ1
A｜〈混ぜ合わせる〉
　　ピリ辛しょうゆ麹、酒 ── 各小さじ2
サラダ油 ── 小さじ1

1_ 豚肉は1枚ずつ広げ、上面にピリ辛しょうゆ麹を等分に塗る。なすを1切れずつのせ、巻く。
2_ フライパンにサラダ油を中火で熱し、1を巻き終わりを下にして並べる。1分ほど焼いたら、転がしながら2〜3分焼き、水大さじ1（分量外）を加えてふたをし、弱火で7〜8分蒸し焼きにする。
3_ ペーパータオルで余分な油を拭き、Aを加えてからめる。

ピリ辛キンパ

キンパはごま油の香りが特徴の韓国風のり巻き。
巻くときは思いきって一気に、がポイント。

■ 材料（2本分）
温かいごはん —— 400g
焼きのり —— 全形2枚
牛こま切れ肉 —— 100g
にんじん（細切り）—— 1/2本（75g）
きゅうり（4つ割り）—— 1/2本
ごま油 —— 小さじ1
A｜ピリ辛しょうゆ麹、みりん —— 各大さじ1
B｜〈混ぜ合わせる〉
　｜酢 —— 大さじ1　ごま油 —— 小さじ2
　｜塩 —— 小さじ1/2
白いりごま —— 適量

1_ フライパンにごま油を中火で熱し、にんじんを炒める。しんなりしたら牛肉を加えて炒め、牛肉の色が変わったらAで調味し、汁けがなくなるまで炒めて取り出す。

2_ ボウルにごはんを入れ、Bを加えて混ぜる。巻きすに焼きのり1枚をのせ、奥側2cmを残してごはんの半量を広げる。中央に1、きゅうりを半量ずつのせ、巻きすでしっかりと巻く。巻きすごと輪ゴムでとめてしばらくおき、形をなじませる。もう1本も同様に作る。

3_ 食べやすく切って器に盛り、白いりごまを散らす。

part 15
甘酒

「飲む点滴」として知られる甘酒。
わが家でももちろん飲みものとしてよく登場しますが、
甘みをつける調味料として、料理やおやつにも大活躍しています。
料理には、甘酒の自然な甘みを生かしてコクを出すというイメージを持つと
使いやすいように思います。
豆乳と合わせてポタージュにすると、ほのかな甘みがスープのコクにつながり、
シンプルな味つけでも深い味わいになります。カレーに入れればまろやかに。
みそと合わせてつけだれやドレッシングのような使い方をしたり、
しょうゆ、コチュジャンなどと合わせて、焼き肉のたれにも。
野菜を漬けると、さっぱりとしたべったら漬けのようになります。
さまざまな使い方で楽しんでください。

甘酒

■ 材料（作りやすい分量）

生米麹（または乾燥米麹・室温にもどす）
　—— 200g
湯（約60℃）—— 2と1/2カップ
※乾燥米麹の場合は湯1/4カップを追加

1_
混ぜる

ジッパー付き保存袋に米麹を入れ、かたまりがあれば手でほぐす。湯を加えて袋の上からもみ混ぜる。

2_
保温する

炊飯器の内釜にふきんを敷き、1を袋の口を少し開けてのせる。炊飯器にセットし、ふたは開けたまま保温モードにし、8〜10時間おく。できれば途中で数回、袋の上からもみ混ぜるとよい。

3_
でき上がり

米麹の芯がなくなり、とろりとして甘みが出てきたらでき上がり。

4_
なめらかにする

使いやすいよう、ハンドブレンダーにかけてなめらかにする（ミキサーでも可）。すぐに使え、冷蔵室で約1週間、冷凍室で約1か月保存可能。

甘酒
マイルドチキンカレー献立

マイルドチキンカレー

ルウを使わない、ヘルシーなカレー。
甘酒を加えることで、スパイシーだけど辛すぎない、おだやかな味わいに。

■ 材料（2人分）

鶏もも肉（ひと口大に切る）—— 小2枚（400g）
玉ねぎ（みじん切り）—— 1個
ホールトマト缶（実をつぶす）—— 1缶（400g）
にんにく、しょうが（いずれもすりおろす）
　　—— 各1かけ
塩 —— 小さじ1/4　こしょう —— 少々
A｜甘酒 —— 大さじ3
　｜カレー粉 —— 大さじ2
サラダ油 —— 大さじ2
みそ —— 大さじ1
玄米ごはん、パクチー（2～3cm長さに切る）—— 各適量

1_ 鶏肉は塩、こしょうをふってポリ袋に入れ、Aを加えてもむ。空気を抜いて口を閉じ、冷蔵室にひと晩おく。

2_ フライパンにサラダ油を中火で熱し、玉ねぎを炒める。焼き色がついてきたら端に寄せ、あいているところに1の鶏肉を漬けだれごと加え、両面を1～2分ずつ、焼き色がつくまで焼く。

3_ にんにく、しょうがを加えて炒め、香りが出たらトマト缶、みそを加えて混ぜながら5～6分煮る。味をみて、みそ少々（分量外）で味をととのえる。ごはんとともに器に盛り、パクチーを添える。

ラディッシュとトマトの甘酒漬け

カレーのつけ合わせにぴったりな、ほんのり甘いサラダ風の一品。

■ 材料（2人分）

ラディッシュ（横5mm幅に切る）—— 4個
ミニトマト（縦半分に切る）—— 5個
A｜甘酒 —— 大さじ4
　｜塩 —— 少々

1_ ボウルにラディッシュを入れ、塩ひとつまみ（分量外）をふってもみ、10分ほどおいてから水けをしぼる。

2_ ポリ袋に1を入れ、ミニトマトとAを加えてもみ混ぜ、冷蔵室に30分ほどおく。

甘酒ビネガーラッシー

やさしい甘みのドリンク。酢の分量はお好みで加減してください。

■ 材料（2人分）

甘酒 —— 3/4カップ
プレーンヨーグルト —— 大さじ6
酢 —— 大さじ1と1/2

1_ すべての材料を混ぜる。

甘酒

白身魚のホイル焼き献立

白身魚の甘酒みそホイル焼き

蒸し焼きだから、たらがふっくら仕上がります。
鮭でもおいしく作れます。すだちをきゅっとしぼってどうぞ。
バターをひとかけのせて食べても。

■ 材料（2人分）
たら —— 2切れ
キャベツ（3〜4cm四方に切る）—— 3枚（150g）
にんじん（細切り）—— 1/5本（30g）
A｜〈混ぜ合わせる〉
　｜甘酒 —— 大さじ2
　｜みそ —— 大さじ1
すだち（半分に切る）—— 1個

1_ ポリ袋にたらを入れ、Aを加えてなじませ、冷蔵室に15分ほどおく。
2_ アルミホイル2枚にキャベツ、にんじんを等分にのせ、1のたらを1切れずつのせる。漬けだれを等分にまわしかけて口を閉じる。
3_ フライパンに水を1cmほどの深さに注ぎ、中火にかける。煮立ったら2を入れ、ふたをして弱めの中火で10〜12分ほど蒸し焼きにする。すだちを添える。

甘酒入り豚汁

甘酒が、いつもの豚汁をまろやかな味わいにしてくれます。
たっぷりの長ねぎとしょうがで、
体が芯から温まります。

■ 材料（2人分）
豚バラ薄切り肉（5cm幅に切る）—— 150g
長ねぎ（斜め薄切り）—— 2本
しょうが（せん切り）—— 1かけ
ごま油 —— 小さじ1
水 —— 2と1/2カップ
甘酒 —— 大さじ2
みそ —— 大さじ1と1/2

1_ 鍋にごま油を中火で熱し、長ねぎ、しょうがを炒める。しんなりしたら豚肉を加えてさらに炒める。
2_ 豚肉の色が変わったら水を加え、煮立ったら3〜4分煮る。弱火にして甘酒を加え、みそを溶き入れる。

甘酒

韓国風焼き肉献立

韓国風焼き肉

下味をもみ込んでなじませると、肉がやわらかに。
葉野菜でくるりと巻いて、いただきます！
「きゅうりとキムチの甘酒漬け」を一緒に巻いても。

■ 材料（2人分）
牛焼き肉用肉 — 250g
A〈混ぜ合わせる〉
　甘酒 — 大さじ2
　しょうゆ — 小さじ2
　コチュジャン — 小さじ1/2
　にんにく（すりおろす） — 小さじ1/4
　白いりごま — 小さじ1
サラダ油 — 小さじ1〜2
サンチュ、青じそ — 各適量

1_ ボウルに牛肉、Aを入れてもみ、10分ほどおく。
2_ フライパンにサラダ油を強めの中火で熱し、1の牛肉を入れ、1分ほど焼いて焼き色がついたら上下を返す（一度に焼けなければ2回に分ける）。サンチュ、青じそとともに器に盛る。

きゅうりとキムチの甘酒漬け

キムチの辛みも甘酒を加えることでマイルドに。
サラダ感覚で食べられる漬けものです。
焼き肉のつけ合わせにぴったり。

■ 材料（2人分）
きゅうり（5mm幅の斜め切り） — 1本
白菜キムチ — 60g
塩 — 小さじ1/4
甘酒 — 大さじ3

1_ ボウルにきゅうりを入れ、塩をまぶしてもみ、10分ほどおいてから水けをしぼる。ポリ袋にキムチ、甘酒とともに入れてあえ、5分ほどおく。

もっと使える！
甘酒レシピ

かぶの甘酒豆乳ポタージュ

かぶと甘酒の甘み、やさしいとろみがうれしい。
体も心もゆったりと落ち着く味わいです。
朝食にもちょうどいい、わが家の定番ポタージュです。

■ 材料（2人分）
かぶ（縦半分に切り、縦1cm幅に切る）
　　— 1個（100g）
かぶの葉（刻んでさっとゆでる） — 適量
玉ねぎ（縦薄切り） — 1/2個
オリーブオイル — 小さじ2
塩 — 適量
水 — 1/2カップ
豆乳（無調整） — 3/4カップ
甘酒 — 1/2カップ

1_ 鍋にオリーブオイルを弱めの中火で熱し、玉ねぎを入れ、塩少々をふって炒める。しんなりしたらかぶを加え、さらに5〜6分炒める。
2_ 水を加えてふたをし、煮立ったら弱火にし、8分ほど煮て火を止める。豆乳を加えて混ぜる。
3_ ハンドブレンダーで攪拌し（ミキサーでも可）、甘酒を加える。再び中火にかけ、温まったら塩ふたつまみを加える。器に盛り、かぶの葉を散らし、オリーブオイル少々（分量外）をまわしかける。

れんこんの甘酒きんぴら

甘酒をみりん代わりの甘みづけに使います。
食感もよく、箸が進む副菜に。

■ 材料（2〜3人分）
れんこん（皮つきのまま2〜3mm幅のいちょう切り）
　— 150g
A｜甘酒 — 大さじ2
　｜しょうゆ — 小さじ2
赤唐辛子（小口切り） — 適量
白いりごま — 小さじ2
ごま油 — 小さじ1

1_ フライパンにごま油を中火で熱し、れんこん、赤唐辛子を炒める。Aを加えてさらに炒め、汁けがなくなったら白いりごまを混ぜる。

鶏つくねの甘酒照り焼き

ごはんによく合うやさしい甘辛味は、
お弁当にも最適のおかずに。

■ 材料（2〜3人分）
鶏ひき肉 — 300g　長ねぎ（みじん切り） — 1/2本
A｜酒 — 大さじ1　片栗粉 — 小さじ1　塩 — 少々
サラダ油 — 小さじ1
B｜甘酒 — 大さじ2　しょうゆ — 小さじ2

1_ ボウルにひき肉、長ねぎ、Aを入れて練り混ぜ、8等分して丸める。
2_ フライパンにサラダ油を中火で熱し、1を並べ入れて両面を1分〜1分30秒ずつ焼く。ふたをして弱火にし、さらに4〜5分焼いていったん取り出す。
3_ 2のフライパンにBを入れ、強火にしてとろみがついてきたら、2を戻し入れてからめる。

part / 6

発酵中濃ソース
発酵マヨネーズ

米麹に、しょうゆとトマト缶を加えて作るのが発酵中濃ソース。
米麹に、豆乳と酢、少しのオイルと塩を合わせて作るのが
発酵マヨネーズです。
ちょっと意外な材料ですが、実際に食べてみると、
不思議と身近なソースとマヨネーズに似た味わいに仕上がります。
発酵中濃ソースは、しょうゆベースの味わいに
米麹の甘みとトマトの酸味とうまみが広がります。
まずはそのまま、とんかつなどの揚げものや
お好み焼きにかけて試してほしい！
そぼろやナムル、炒めものの味つけにもよく合います。
発酵マヨネーズは、オイル控えめで米麹の甘みを楽しめる
軽やかなマヨネーズ。
野菜に添えたり、あえたりといろいろ使えます。
ポテトサラダはもちろん、ウフマヨのソースにしたり、
パンとの相性もよいのでサンドイッチやトーストにも。
ソースとマヨネーズ、合わせて使ってもおいしいので、
ぜひ一緒に作っていただきたいコンビです。

発酵中濃ソース

■ 材料（作りやすい分量）

生米麹（または乾燥米麹・室温にもどす）── 100g
しょうゆ ── 80ml
カットトマト缶 ── 80g
水 ── 大さじ4
※乾燥米麹の場合は水20mlを追加

1_ 混ぜる

ジッパー付き保存袋に米麹を入れ、かたまりがあれば手でほぐす。しょうゆ、トマト缶、水を加えて袋の上からよくもみ混ぜる。

2_ 保温する

炊飯器の内釜にふきんを敷き、1を袋の口を少し開けてのせる。炊飯器にセットし、ふたは開けたまま保温モードにし、8〜10時間おく。できれば途中で数回、袋の上からもみ混ぜるとよい。

3_ なめらかにする

うまみがしっかり出ていたらでき上がり。使いやすいよう、ハンドブレンダーにかけてなめらかにする（ミキサーでも可）。すぐに使え、冷蔵室で約1週間保存可能。

発酵マヨネーズ

■ 材料（作りやすい分量）

生米麹（または乾燥米麹・室温にもどす）── 100g
豆乳（無調整）── 80ml
A｜酢 ── 大さじ1と1/2
　｜塩 ── 4g
オリーブオイル（またはサラダ油）── 大さじ1
※乾燥米麹の場合は水大さじ1を追加

1_ 混ぜる

耐熱ボウルに豆乳を入れてふんわりとラップをかけ、電子レンジで20秒加熱する。ジッパー付き保存袋に米麹を入れ、かたまりがあれば手でほぐす。温めた豆乳、Aを加えて袋の上からもみ混ぜる。

2_ 保温する

炊飯器の内釜にふきんを敷き、1を袋の口を少し開けてのせる。炊飯器にセットし、ふたは開けたまま保温モードにし、8〜10時間おく。できれば途中で数回、袋の上からもみ混ぜるとよい。

3_ なめらかにする

まろやかな味わいになっていたら、ボウルか容器に移し、オリーブオイルを加えてハンドブレンダーにかけてなめらかにする（ミキサーでも可）。すぐに使え、冷蔵室で約1週間保存可能。

発酵中濃ソース 発酵マヨネーズ

ひと口とんかつ献立

ひと口とんかつ

とんかつには、やっぱりソースが必須!
あっさりとした発酵中濃ソースをたっぷりかけてどうぞ。
つけ合わせのキャベツには、発酵マヨネーズを添えていただきます。

■ 材料(2人分)
豚とんかつ用肉(筋切りをして6等分に切る)
　— 2枚(300g)
A 〈混ぜ合わせる〉
　薄力粉 — 大さじ3
　溶き卵 — 1個分
　水 — 大さじ1
塩、こしょう — 各少々
パン粉、揚げ油 — 各適量
発酵中濃ソース、発酵マヨネーズ、
　練りがらし — 各適量
キャベツ、青じそ(いずれもせん切り・混ぜ合わせる)
　— 各適量、

1_ 豚肉に塩、こしょうをふってもむ。A、パン粉の順にころもをつける。
2_ 揚げ油を170〜180℃に熱し、1を入れる。1分ほど揚げたら上下を返しながら3分ほど揚げる。キャベツと青じそとともに器に盛り、発酵中濃ソースをかけ、練りがらし、発酵マヨネーズを添える。

ひらひらにんじんのごまマヨサラダ

豆乳の風味がやさしい発酵マヨネーズに、白ごまを加えてコクをプラス。
ごまマヨはセロリやきゅうりなど、スティック野菜のディップにしたり、
ゆで野菜に合わせるのもいいですよ。

■ 材料(2人分)
にんじん(ピーラーでリボン状に削る)
　— 1/3本(60g)
A 発酵マヨネーズ — 大さじ2
　白すりごま — 小さじ2
　しょうゆ — 少々

1_ ボウルにAを入れて混ぜ、にんじんを加えてあえる。

Part 6　発酵中濃ソース / 発酵マヨネーズ　59

発酵中濃ソース 発酵マヨネーズ

玉ねぎそぼろ丼献立

玉ねぎそぼろ丼

大きめに切った玉ねぎの甘みと、発酵中濃ソースの甘辛い味わいがマッチ。
ついついごはんを食べすぎてしまいそう！
お弁当にもぴったりです。

■ 材料（2人分）
鶏ひき肉 — 150g
玉ねぎ（1cm四方に切る）— 1/2個
A｜しょうが（すりおろす）— 小さじ1
　｜発酵中濃ソース — 大さじ3
温かいごはん、三つ葉（2cm幅に切る）— 適量

1_ 鍋にひき肉、玉ねぎ、Aを入れてよく混ぜる。中火にかけ、汁けがなくなり、やや色が濃くなるまで混ぜながら炒める。
2_ 器にごはんを盛り、1のそぼろをかける。三つ葉をのせる。

豆とトマトのサラダ

切って、あえるだけのスピード副菜は、時間のない日も助かる！
豆乳がベースの発酵マヨネーズは、お豆と相性がいいんです。
体にいいお豆をとびきりおいしく食べられるこのサラダ、おすすめです。

■ 材料（2人分）
トマト（ひと口大に切る）— 1個（150g）
ミックスビーンズ — 1パック（50g）
発酵マヨネーズ — 大さじ2

1_ ボウルにミックスビーンズと発酵マヨネーズを入れて混ぜ、トマトを加えてさっとあえる。

もっと使える！
発酵中濃ソースレシピ

長いもたっぷりお好み焼き

お好み焼きといえば、ソースが不可欠。
野菜たっぷりのお好み焼きに発酵中濃ソースを合わせると、
おいしくて、軽やか。青じそを加えるのが私流です。

■ 材料（2枚分）
豚バラ薄切り肉（半分に切る） — 100g
キャベツ（1cm四方に切る） — 1/4個（200g）
長いも（皮をむいてすりおろす） — 100g
青じそ（ちぎる） — 4枚
削り節（もんで粉末にする） — 4g
卵 — 2個
水 — 1/2カップ
薄力粉 — 100g
サラダ油、発酵中濃ソース、発酵マヨネーズ、
　青のり — 各適量

1_ 大きめのボウルに卵を溶きほぐし、水、長いも、薄力粉を加えてよく混ぜる。キャベツ、青じそ、削り節を加えてさっくりと混ぜる。
2_ フライパンにサラダ油少々を弱めの中火で熱し、1の生地の半量を入れる。豚肉の半量を広げてのせ、4〜5分焼く。焼き色がついたら上下を返し、さらに4分ほど焼く。残りも同様に焼く。
3_ 発酵中濃ソース、発酵マヨネーズをかけ、青のり、削り節適量（分量外）を散らす。

もやしのりナムル

ゆでもやしと発酵中濃ソースが意外な好相性。
いつもあっという間になくなっちゃいます。

■ 材料（2人分）
豆もやし —— 1袋(200g)
A｜にんにく（すりおろす）—— 少々
　｜発酵中濃ソース —— 大さじ2
焼きのり —— 全形1/2枚

1_ 鍋にたっぷりの湯を沸かし、もやしを1分ほどゆでる。ざるに上げ、流水で冷まし、しっかりと水けをしぼる。
2_ ボウルに1のもやし、Aを入れてあえ、焼きのりをちぎりながら加えてさっとあえる。

にら豚ソース炒め

疲れたなーと思ったときにおすすめ！
にらと豚肉、麹の組み合わせでパワーチャージ。

■ 材料（2人分）
豚こま切れ肉 —— 200g
にら（4cm長さに切る）—— 1/2束(50g)
発酵中濃ソース —— 大さじ2
ごま油 —— 小さじ1

1_ フライパンにごま油を中火で熱し、豚肉を炒める。色が変わったら、発酵中濃ソースを加えて炒め合わせ、にらを加えてさっと炒める。

もっと使える！
発酵マヨネーズレシピ

シンプルポテトサラダ

具材はきゅうりと玉ねぎだけ。
味つけも塩と発酵マヨネーズとごくごくシンプルだけど、
マヨネーズにしっかりうまみがあるので、満足のおいしさです。

■ 材料（作りやすい分量）
じゃがいも（皮つきのままよく洗う）── 3個（300g）
きゅうり（小口切り）── 1/2本
玉ねぎ（横半分に切り、縦薄切り）── 1/4個
A 〈混ぜ合わせる〉
　発酵マヨネーズ ── 大さじ4
　塩 ── ひとつまみ

1_ じゃがいもは水けがついたままラップで包み、電子レンジで3分30秒加熱し、上下を返してさらに3分加熱する。きゅうりはボウルに入れ、塩ひとつまみ（分量外）をふってもみ、5分ほどおいて水けをしっかりしぼる。玉ねぎは耐熱ボウルに入れてふんわりとラップをかけ、電子レンジで1分加熱する。

2_ 1のじゃがいもが熱いうちに皮をむき（やけどに注意）、ボウルに入れ、粗くつぶす。Aを加えて混ぜ、きゅうり、玉ねぎを加えてさっくりと混ぜる。
※時間がたつと酵素の働きで食感が変わるので、早めに食べてください。

オニオントースト

朝食や軽いランチにおすすめ。
ちょっと小腹がすいたときにもすぐできます。

■ 材料（2人分）
食パン — 2枚
玉ねぎ（横半分に切り、縦薄切り）— 1/8個
ハム（半分に切ってから縦に1cm幅に切る）— 1枚
オリーブオイル — 小さじ1
A ｜ 〈混ぜ合わせる〉
　　発酵マヨネーズ — 大さじ2
　　粒マスタード — 小さじ1/2

1_ 食パンにオリーブオイル、Aを順に塗り、玉ねぎ、ハムを散らす。トースターでこんがりと焼く。

ウフマヨ

ゆで卵がおしゃれな前菜風の一品に。
あっさりマヨで卵の風味が際立ちます。

■ 材料（2人分）
卵 — 2個
A ｜ 〈混ぜ合わせる〉
　　発酵マヨネーズ — 大さじ4
　　豆乳（無調整）— 小さじ2

1_ 鍋に湯を沸かし、冷蔵室から出したての卵を静かに入れる。7分30秒ゆでて氷水にとり、5分以上おいて冷ます。水の中で殻をむく。
2_ ゆで卵を半分に切って器に盛り、Aをかける。

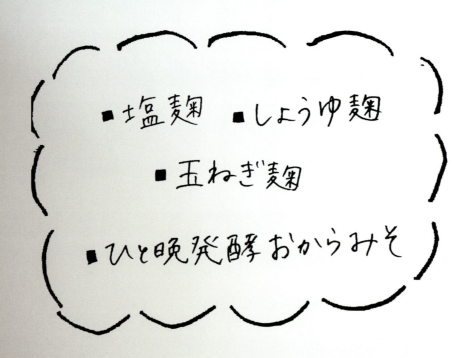

定番発酵調味料
活用レシピ

この本の第1弾となる『榎本美沙のひと晩発酵調味料』では、
11種類の発酵調味料の作り方やレシピを紹介していますが、
こちらの活用方法をもっと知りたいという声もたくさんいただきました。
そこで今回、『榎本美沙のひと晩発酵調味料』に掲載した調味料の中でも
多くの人が、定番調味料として活用してくださっている
塩麹、しょうゆ麹、玉ねぎ麹、ひと晩発酵おからみそを使った
定食レシピをご紹介させていただきます。
たくさん活用いただけたらうれしいです。

塩麹

■ 材料（作りやすい分量）
生米麹（または乾燥米麹・
　室温にもどす）—— 200g
塩 —— 60g
水 —— 1カップ
※乾燥米麹の場合は水約1/4
カップを追加

1_ 麹と塩を混ぜる
ジッパー付き保存袋に米麹を入れ、かたまりがあれば手でほぐす。塩を加えてよく混ぜる。

2_ 水を加える
水を加え、袋の上からもみ混ぜる（温度や麹の状態によっても変わるので、全体に水がいきわたるくらいに調整する）。

3_ 保温する
炊飯器の内釜にふきんを敷き、2を袋の口を少し開けてのせる。炊飯器にセットし、ふたは開けたまま保温モードにし、8〜10時間おく。できれば途中で数回、袋の上からもみ混ぜるとよい。

4_ でき上がり
米麹の芯がなくなり、やわらかくなったらでき上がり。すぐに使え、冷蔵室で約3か月保存可能。

玉ねぎ麹

■ 材料（作りやすい分量）
玉ねぎ —— 1個（200g）
生米麹（または乾燥米麹・
　室温にもどす）—— 70g
塩 —— 25g

1_ 混ぜる
玉ねぎはフードプロセッサーでペースト状になるまで撹拌する（またはすりおろす）。ジッパー付き保存袋に米麹を入れ、かたまりがあれば手でほぐす。玉ねぎ、塩を加え、袋の上からもみ混ぜる。

2_ 保温する
炊飯器の内釜にふきんを敷き、1を袋の口を少し開けてのせる。炊飯器にセットし、ふたは開けたまま保温モードにし、6〜8時間おく。できれば途中で数回、袋の上からもみ混ぜるとよい。

3_ でき上がり
米麹の芯がなくなり、玉ねぎのうまみが出ていたらでき上がり。すぐに使え、冷蔵室で2〜3週間保存可能。

ひと晩発酵おからみそ

■ 材料（作りやすい分量）
生米麹（または乾燥米麹・室温にもどす）── 250g
おから（生）── 150g
塩 ── 25g
水 ── 3/4カップ
※乾燥米麹の場合は水1/4カップを追加

1_ 下準備

米麹はフードプロセッサーに入れ、細かくくだく。塩を加えてさらに攪拌し、ボウルに移す。鍋におからと水を入れて弱めの中火にかけ、混ぜながら50℃くらい（指を入れてみてやや熱いと感じる程度）に温める。

2_ 混ぜる

1のボウルに温めたおからを加え、手でつぶすようにしながら全体がなじむまでよく混ぜる。ジッパー付き保存袋に入れる。

3_ 保温する

炊飯器の内釜にふきんを敷き、2を袋の口を少し開けてのせる。炊飯器にセットし、ふたは開けたまま保温モードにし、6〜8時間おく。できれば途中で数回、袋の上からもみ混ぜるとよい。

4_ でき上がり

米麹の芯がなくなり、甘みとうまみが出ていたらでき上がり。すぐに使え、冷蔵室で約1か月、冷凍室で約2〜3か月保存可能。

しょうゆ麹

■ 材料（作りやすい分量）
生米麹（または乾燥米麹・室温にもどす）── 100g
しょうゆ ── 1カップ
※乾燥米麹の場合は水大さじ2を追加

1_ 麹としょうゆを混ぜる

ジッパー付き保存袋に米麹を入れ、かたまりがあれば手でほぐす。しょうゆを加えてよく混ぜる。

2_ 保温する

炊飯器の内釜にふきんを敷き、1を袋の口を少し開けてのせる。炊飯器にセットし、ふたは開けたまま保温モードにし、8〜10時間おく。できれば途中で数回、袋の上からもみ混ぜるとよい。

3_ でき上がり

米麹の芯がなくなり、やわらかくなったらでき上がり。すぐに使え、冷蔵室で約3か月保存可能。

| 塩麹 | ひと晩発酵おからみそ |

肉野菜炒め献立

塩麹肉野菜炒め

いつものシンプルな肉野菜炒めも、塩麹のまろやかなうまみが加わることで
ぐっとおいしくなります。豚肉の下味にも使えば、お肉もやわらか。

■ 材料（2人分）

豚こま切れ肉 —— 200g
キャベツ（4～5cm四方に切る）—— 200g
チンゲン菜（長さを4等分に切り、根元は6つ割り）
　—— 1株
サラダ油 —— 小さじ1
塩麹 —— 大さじ1と1/2
こしょう —— 少々

1_ ボウルに豚肉を入れ、塩麹の半量を加えてもむ。
2_ フライパンにサラダ油を中火で熱し、豚肉を炒める。色が変わったらキャベツ、チンゲン菜を加え、残りの塩麹、こしょうで調味する。

にんじんの塩麹スープ

炒めた野菜と塩麹の組み合わせは、簡単、おいしいの最適解。
もちろんスープにも応用できます！

■ 材料（2人分）

にんじん（短冊切り）—— 1/2本(75g)
玉ねぎ（縦薄切り）—— 1/2個
ベーコン（1cm幅に切る）—— 1枚
オリーブオイル —— 小さじ2
水 —— 2カップ
塩麹 —— 大さじ1
こしょう —— 少々

1_ 鍋にオリーブオイルを中火で熱し、玉ねぎ、にんじん、ベーコンを炒める。
2_ しんなりしたら水を加え、煮立ったらふたをして弱火にし、3～4分煮る。塩麹を加えてひと煮立ちさせ、こしょうをふる。

トマトのみそごまあえ

塩分が抑えめのおからみそだから、
たっぷり使ってもほどよい味つけに。

■ 材料（2人分）

ミニトマト（半分に切る）—— 8個
A ┃ ひと晩発酵おからみそ —— 大さじ1
　┃ オリーブオイル、白すりごま —— 各小さじ1

1_ ボウルにAを入れて混ぜ、ミニトマトを加えてあえる。

定番発酵調味料　活用レシピ　71

玉ねぎ麹

トマトカオマンガイ献立

玉ねぎ麹のトマトカオマンガイ

人気のタイ料理に玉ねぎ麹を使います。
鶏肉を玉ねぎ麹に漬けることで、すっとほぐれるほどやわらかに。
ごはんは少し多めなので、残ったら小分けにして冷凍もOKです。

■ 材料（2合分）
米（洗って30分浸水させ、ざるに上げる） — 2合
鶏もも肉（フォークで全体に穴をあける）
　　 — 2枚（500g）
しょうが（薄切り） — 1かけ
にんにく（半分に切る） — 1かけ
玉ねぎ麹 — 大さじ3
酒 — 大さじ1
A｜〈混ぜ合わせる〉
　｜トマト（1cm角に切る） — 1個（150g）
　｜玉ねぎ麹、黒酢 — 各大さじ1
　｜ごま油 — 小さじ2
パクチー（2〜3cm長さに切る） — 適量

1_ ポリ袋に鶏肉を入れ、玉ねぎ麹を加えてもみ、冷蔵室に1時間以上おく。
2_ 炊飯器の内釜に米、酒を入れ、2合の目盛りまで水を入れる。1の鶏肉を玉ねぎ麹ごと入れ、しょうが、にんにくをのせて炊飯する。
3_ 炊き上がったらすぐに具材を取り出し、ごはんを混ぜる。鶏肉は食べやすい大きさに切り分ける。器にごはん、鶏肉を盛り、Aをかけ、パクチーを添える。

もやしのエスニックスープ

桜えびの香りと玉ねぎ麹のうまみが広がるスープは
カオマンガイにぴったり。もやしをさっと炒めてから煮ると、
コクのあるスープになります。

■ 材料（2人分）
もやし — 1/2袋（100g）
ごま油 — 小さじ2
A｜水 — 2カップ
　｜玉ねぎ麹 — 大さじ1と1/2
桜えび — 大さじ1
こしょう — 適量

1_ 鍋にごま油を中火で熱し、もやしをさっと炒める。Aを加え、煮立ったら桜えびを加えてひと混ぜする。こしょうをふる。

ひと晩発酵おからみそ　しょうゆ麹

鶏肉のみそ焼き献立

鶏肉のゆずこしょうみそ焼き

塩分控えめのおからみそだから、ゆずこしょうと合わせると、
お肉のちょうどいい漬け床になるんです。やわらかな焼き上がりも大満足。

■ 材料（2人分）

鶏もも肉（皮目にフォークで穴をあける）
　　── 2枚（500g）
A 〈混ぜ合わせる〉
　　ひと晩発酵おからみそ ── 大さじ5
　　みりん ── 大さじ1
　　ゆずこしょう ── 小さじ1
ごま油 ── 小さじ2
フリルレタス（ちぎる）── 適量

1_ ポリ袋に鶏肉を入れ、Aを加えてもみ混ぜ、冷蔵室にひと晩おく。
2_ 加熱する30分ほど前に冷蔵室から出して、室温にもどす。Aを軽くぬぐう（ぬぐったAは「まいたけと長ねぎのみそ汁」に使う）。
3_ フライパンにごま油を弱めの中火で熱し、鶏肉を皮目を下にして入れる。焼き色がつくまで5〜6分焼いたら、上下を返して弱火にし、ふたをして3〜4分焼く。食べやすく切ってレタスとともに器に盛る。

まいたけと長ねぎのみそ汁

漬け床として使ったゆずこしょうみそも余さず使います。
単品で作るときは、みその量を増やしてください。

■ 材料（2人分）

まいたけ（ほぐす）── 1パック（100g）
長ねぎ（斜め薄切り）── 1/2本
ひと晩発酵おからみそ ── 約大さじ1
ごま油 ── 小さじ1
水 ── 2カップ

1_ 鍋にごま油を熱し、まいたけ、長ねぎを炒める。しんなりしたら水、「鶏肉のゆずこしょうみそ焼き」でぬぐったAを全量（約大さじ2）加える。
2_ 3〜4分煮て味をみて、ひと晩発酵おからみそを溶き入れる。

しょうゆ麹酢納豆

納豆、しょうゆ麹、酢で発酵パワー満載。
酢のおかげで納豆のカルシウムの吸収率も上がります。

■ 材料（2人分）

納豆 ── 2パック
A 酢 ── 小さじ2
　 しょうゆ麹 ── 小さじ1/2

1_ 納豆にAを等分に加えて混ぜる。

| しょうゆ麹 | 塩麹 |

漬けまぐろ丼献立

しょうゆ麹漬けまぐろ丼

まぐろの刺身をしょうゆ麹で"漬け"にしました。
万能ねぎの代わりに、みょうがや青じそをのせてもおいしいですよ。

■ 材料（2人分）

まぐろ（刺身用・そぎ切り）── 150g
温かいごはん ── どんぶり2杯分
A│〈混ぜ合わせる〉
　│しょうゆ麹 ── 小さじ2
　│みりん（耐熱容器に入れ、電子レンジで
　│　30〜40秒加熱して冷ます）── 小さじ2
万能ねぎ（斜め切り）── 適量

1_ ボウルにまぐろを入れ、Aを加えてあえ、冷蔵室に10分ほどおく。
2_ 器にごはんを盛り、1をのせ、万能ねぎを散らす。

キャベツとのりの塩麹スープ

みそ汁に飽きたらぜひ。塩味のあっさりスープで
具材の甘みが引き立ちます。

■ 材料（2人分）

キャベツ（4cm四方に切る）── 1枚（100g）
焼きのり（ちぎる）── 全形1/2枚
だし汁 ── 2カップ
塩麹 ── 小さじ2

1_ 鍋にだし汁を入れて中火で煮立て、キャベツを入れて3〜4分煮る。塩麹で調味し、のりを加える。

梅塩麹大根

いつもの塩もみ大根が絶品浅漬けに。
梅干しの酸味で後味さっぱり。

■ 材料（2人分）

大根（細切り）── 100g
塩麹 ── 小さじ1
梅干し（種を除いてちぎる）── 1個

1_ ボウルに大根、塩麹を入れてもみ、5分ほどおいてから、水けをしっかりとしぼる。梅干しを加えてあえる。

定番発酵調味料　活用レシピ　77

| しょうゆ麹 | 玉ねぎ麹 |

豚しゃぶ献立

薬味たっぷり豚しゃぶのしょうゆ麹だれ

しょうゆ麹と黒酢、ごま油は、ぜひ試してほしい組み合わせ。
肉や魚によく合うたれになります。
薬味をたっぷり合わせれば、すっきり、でも食べごたえのあるひと皿に。

■ 材料（2合分）
豚もも肉（しゃぶしゃぶ用）── 250g
青じそ（せん切り）── 10枚
みょうが（縦半分に切り、縦に薄切り）── 2個
A ｜〈混ぜ合わせる〉
　｜しょうゆ麹、水 ── 各大さじ1
　｜黒酢 ── 大さじ1/2
　｜ごま油 ── 小さじ1

1_ 鍋にたっぷりの湯を沸かし、弱火にして酒大さじ1、塩少々（いずれも分量外）を加えて豚肉を入れ、色が変わったらすぐに取り出してざるに上げる。
2_ 青じそ、みょうがは合わせて氷水にさらし、水けをきる。
3_ 1、2を合わせて器に盛り、Aをかける。

ピーマンのかき玉スープ

スープにピーマンを入れるのが好きです。
ほろ苦さは卵のおかげでマイルドに。
食感を残したいから、煮るのはさっとでOK。

■ 材料（2人分）
ピーマン（縦半分に切ってヘタと種を取り、
　横5mm幅に切る）── 2個
玉ねぎ（横半分に切って縦薄切り）── 1/4個
A ｜水 ── 2カップ
　｜玉ねぎ麹 ── 大さじ1と1/2
溶き卵 ── 1個分
こしょう ── 適量

1_ 鍋にAを入れて煮立て、玉ねぎを入れて中火で2〜3分煮る。
2_ ピーマンを加えて30秒ほど煮たら、溶き卵をまわし入れる。器に盛り、こしょうをふる。

ひと晩発酵調味料は忙しいときの救世主。

　料理の仕事を始める前から、大のみそ汁好き。そのせいもあり、料理家になったときに、みそレシピの仕事を多くやらせていただきました。そんな中で自然と塩麹、甘酒……と、みそ以外の麹を使った発酵調味料のおいしさ、便利さ、さらに体によいという魅力も感じるようになり、ひと晩発酵調味料は、私の暮らしに欠かせない存在になっていきました。

　いいところだらけのひと晩発酵調味料ですが、今私が一番魅力を感じているのは、時間や手間をかけなくても、料理がおいしく仕上がるところです。

　米麹を使ったひと晩発酵調味料は、甘み、うまみが調味料自体にしっかりあるので、それだけで味が決まります。そしてさらに、調理法がシンプルでもOKというのもよいところです。そのままあえるだけ、焼くだけ、蒸すだけでも、深みのある味わいの料理ができ上がります。

　仕事と育児に追われながら、ささっと、でもおいしくて体によい料理を作りたいと思っていますが、そんなとき、ひと晩発酵調味料にとても助けられています。

　たとえば、仕事で遅くなってしまったときには、とりあえずお刺身を買ってきて、めんつゆ麹とごまであえて主菜に。スープは家にある野菜をたっぷりと入れて、和風だし麹で味を決めます。あとはごはんを添えればでき上がり。ひと晩発酵調味料が冷蔵庫にあれば、なんとかなる……！　とても頼もしい救世主です。

ひと晩発酵調味料を もっと手軽に。

　最近は市販で便利な調味料がいろいろありますね。手軽に複雑な味が出せたり、1つで味がビシッと決まったりするものは、仕事や子育てで毎日忙しく、料理にあまり時間をかけられない人を中心に人気があります。

　発酵にまつわる仕事を続けていく中で、麹の力を使えば、そうした便利な調味料を手作りできるのでは……と思って生まれたのがひと晩発酵調味料です。自分の手の届く範囲の安心な素材を使って、あれこれ試作を繰り返しながら生み出しました。

　そんなひと晩発酵調味料ですから、実はこの本で紹介しているレシピ以外にも、もっともっと手軽な使い方もできるんです。

　たとえば、ひと晩発酵調味料はそれ自体にうまみや甘みがあるので、だしをとらなくても、熱湯を注ぐだけで即席スープができます。焼いた肉や魚につけるだけでも、立派な主菜に！　トーストに塗る、生野菜やゆで野菜に添えるのも、わが家の定番です。肉や魚を漬ける漬け床としても重宝です。時間のあるときにさっとからめて、冷蔵庫へ。あとは焼いたり蒸したりするだけでOK！　味つけだけでなく、肉や魚がやわらかくなるのも、麹の力のおかげです。

　毎日忙しく過ごしている人たちや、料理はちょっと苦手と思っている人たちにこんなふうにひと晩発酵調味料をたくさん活用してもらって、ほっとできる時間が増えたり、料理が楽しくなったりするといいなと思います。気軽に試してみてもらえたらうれしいです。

● パンに塗る。

食パンに玉ねぎ麹を塗って、トースターへ。これだけで食欲をそそるおいしいトーストに。オリーブオイルを合わせて塗っても。

● 即席スープに。

ひと晩発酵調味料に熱湯を注ぐだけ。お鍋もだし汁もなしでOK！ 忙しい朝に、ぜひお試しを。和風だし麹やめんつゆ麹、レモン麹がおすすめです。

● 食材を漬ける。

鶏肉や豚肉にひと晩発酵調味料をからめ、冷蔵室にひと晩おいておけば、あとは食べるときに焼いたり、蒸したりするだけ。薄切りの肉なら15分もあればOKです。味はもちろん、やわらかく仕上がるのがうれしい。

● 野菜をあえる。
● 野菜につける。

切ったトマトをあえるだけでも、ちょっと気のきいたサラダ代わりの一品に。あえる発酵調味料によって味わいが変わるので、毎日大活躍。もちろん発酵マヨネーズはスティック野菜のディップにしても。

83

ひと晩発酵調味料が家族の元気をつくる。

　　米麹由来の自然な甘みやうまみが特徴のひと晩発酵調味料は、米麹そのものが持つ栄養素はもちろんのこと、発酵する過程で生まれる酵素などが、やさしく体に働きかけてくれます。大人はもちろん、子どもたちや、年配の方の料理にも安心して使えます。

　私自身、発酵食品をよくとるようになってから、腸の調子もよくなりましたし、肌荒れや肌のかゆみなどに悩まされることも少なくなりました。忙しい中でも元気でいられるのは、発酵食品のおかげかなと思っています。

　夫は、独身時代の食事はほぼ外食やコンビニで済ませていたよう。好き嫌いはないものの、放っておくと肉や米が中心の、偏った食事になりがちなので、結婚後はできるだけたくさんの野菜を食卓にのせるようにしました。ひと晩発酵調味料は、うまみや甘みがあり、野菜がおいしくなる調味料。そのせいもあり、どんな野菜料理ももりもり喜んで食べてくれます。おかげで腸の調子がよくなりました。

　ひと晩発酵調味料を使った料理は、2歳になる息子も大好きです。「麹を使ったものを小さい子どもに食べさせてよい？」と聞かれることがありますが、安心して与えて大丈夫です。私は離乳食のときから、ほんの少しのひと晩発酵調味料を加えて味をととのえていました。子どもにはいろいろな食材を好き嫌いなく食べて、元気に、丈夫に育ってほしいし、素材の味わいをきちんと知ってほしいから、味が濃すぎず、素材の味を引き出した、体にやさしい料理を作りたいと思っています。ひと晩発酵調味料はそんな子どもの食事にはぴったりだなと感じています。

米麹とは

米を蒸したところに麹菌をつけて繁殖させたもの。みそやしょうゆ、みりんなど日本人にとって身近な調味料や日本酒を造る原料として不可欠な発酵食品です。食物繊維、各種酵素や発酵の過程で生じるブドウ糖、ビタミン類、コウジ酸などを含みます。

ひと晩発酵調味料のうれしい働き

食材の甘み、うまみを引き出す

麹由来の酵素がでんぷんやタンパク質を糖やアミノ酸に変えるため、やさしい甘みやうまみを生み出します。

腸内環境を整える

腸内の善玉菌のえさになるオリゴ糖が豊富なため、便秘解消などの効果が期待できます。

免疫力を高める

活性酸素の害から守ってくれる強い抗酸化作用があり、感染症にかかりにくい体づくりに役立ちます。

食材をふっくら、やわらかくする

麹由来の酵素・プロテアーゼが、肉や魚のタンパク質を分解するため、やわらかく仕上がります。

老化予防・美肌をつくる

アンチエイジング効果のある抗酸化物質や、美白効果のあるコウジ酸が豊富に含まれています。

たまった疲れを回復

ビタミン類が豊富に含まれるため、疲労回復や代謝を上げてくれる効果が期待できます。

離乳食にもひと晩発酵調味料は大活躍。やわらかく蒸した野菜をつぶし、少量のひと晩発酵調味料を混ぜるだけ。

「根菜の炊き込みごはん」(P29参照)は、一品でも栄養バランスがいいし、野菜もしっかりとれる。

気分を上げてくれるお気に入りと
"おいしい"を支える調味料

　びんや器、調理道具が大好きです。見た目も素敵で、そして機能も抜群な好きな道具やお気に入りのびんに詰めた調味料を使って料理をすれば、たとえ忙しい日が続いていても、なんだかほっとして、うれしい気持ちになります。

　そして、料理のときに感じるそういう気持ちは、おいしさを底上げしてくれるように思います。ひと晩発酵調味料もお気に入りのびんに入れて保存することが多いです。

　アンティークショップや蚤の市をめぐって素敵なびんに出会ったら、一期一会！と思ってついつい手に取ってしまいます。

　調味料も同じ。ひと晩発酵調味料は、手に入りやすい調味料で作ってもおいしくできますが、私がふだんの料理でも使っているお気に入りの調味料を紹介します。参考にしてみてくださいね。

米麹

「羽場のこうじ」(羽場こうじ店)
力強い酵素の働きで甘み、うまみが出やすく、深い味わいをかもし出してくれる生麹を使っています。こちらは発酵の街として知られる秋田県横手市にある老舗麹店の米麹。ひと晩発酵調味料のほか、みそ作りなどにも使います。

塩

「坊津の華 釜だき塩」
(MATHERuBA オンラインショップ)
塩はミネラルを多く含み、まろやかな塩味でうまみが強いものがお気に入りです。粒子の大きいこの塩は、料理の仕上げにふったりするのによく使っています。

みりん

「三州三河みりん」(角谷文治郎商店)
コクがあり、米の自然な甘み、香りが感じられる本みりんがおすすめ。こちらはみりんの醸造が盛んに行われてきた愛知県三河地方で、伝統的な製法で造られています。料理に深みが出ます。

しょうゆ

「井上古式じょうゆ」(井上醤油店)
しょうゆはお好みのものを使うのが一番。私は大豆のうまみを感じられる、コクのあるこちらのしょうゆが好みで、刺身につけたり、煮ものの味つけになど、幅広く使っています。

酢

「純米富士酢」(飯尾醸造)
お酢は複雑なうまみがありつつ、すっきりとしておいしいものがおすすめです。「純米富士酢」は米をたっぷりと使っているので、深いコクがあり、どんな料理にも使えます。

榎本美沙
えのもとみさ

料理家・発酵マイスター。会社員を経て調理師学校を卒業し、独立。シンプルで作りやすいレシピが人気を呼び、雑誌や書籍、テレビなどで活躍中。YouTube「榎本美沙の季節料理」はチャンネル登録者数35万人を超える。オンラインの料理教室「榎本美沙の料理教室」では、発酵食品や季節の手仕事のレッスンが評判となっている。オリジナルブランド「tsumugi-te-」も立ち上げ、こだわりの詰まった食品が注目を集める。
著書『からだが喜ぶ発酵あんことおやつ』『榎本美沙のひと晩発酵調味料』(ともに小社刊)、『毎日の発酵食材レシピ手帖』(Gakken刊)など多数。

YouTube：「榎本美沙の季節料理」
Instagram：@misa_enomoto
X(旧Twitter)：@misa_enomoto
HP：「ふたりごはん」
　　https://www.futari-gohan.jp
HP：「tsumugi-te-」
　　https://www.tsumugite-store.jp
HP：「榎本美沙の料理教室 —発酵と季節料理—」
　　https://online.misa-enomoto.com/

デザイン／嶋村美里(studio nines)
撮影／福尾美雪
スタイリング／駒井京子
取材・文／久保木 薫
調理アシスタント／深瀬華江
校閲／滄流社
編集／上野まどか

撮影協力／AWABEES、UTUWA

榎本美沙のひと晩発酵調味料と
からだが喜ぶ発酵献立

著者　　榎本美沙
編集人　束田卓郎
発行人　殿塚郁夫
発行所　株式会社主婦と生活社
　　　　〒104-8357　東京都中央区京橋3-5-7
　　　　TEL 03-3563-5129(編集部)
　　　　TEL 03-3563-5121(販売部)
　　　　TEL 03-3563-5125(生産部)
　　　　https://www.shufu.co.jp/

製版所　東京カラーフォト・プロセス株式会社
印刷所　大日本印刷株式会社
製本所　小泉製本株式会社

落丁・乱丁の場合はお取り替えいたします。お買い求めの書店か、小社生産部までお申し出ください。

Ⓡ本書を無断で複写複製(電子化を含む)することは、著作権法上の例外を除き、禁じられています。本書をコピーされる場合は、事前に日本複製権センター(JRRC)の許諾を受けてください。また、本書を代行業者等の第三者に依頼してスキャンやデジタル化をすることは、たとえ個人や家庭内の利用であっても一切認められておりません。
JRRC(https://jrrc.or.jp　eメール：jrrc_info@jrrc.or.jp　TEL：03-6809-1281)

©MISA ENOMOTO 2025 Printed in Japan
ISBN978-4-391-16343-8